Made in the USA
Las Vegas, NV
17 June 2024

91063237R20066